AF542630

MARINE ET COLONIES

DÉPÔT DES CARTES ET PLANS

RECUEIL RÉGLEMENTAIRE

DES

CARTES ET DOCUMENTS NAUTIQUES

A DÉLIVRER

AUX BATIMENTS DE LA MARINE IMPÉRIALE

QUATRIÈME CATÉGORIE

BATIMENTS NAVIGUANT SPÉCIALEMENT DANS LA MÉDITERRANÉE

Division du littoral Sud de France
service de l'Algérie, Escadre de la Méditerranée
Division du Levant, station du Danube

PARIS
TYPOGRAPHIE DE FIRMIN DIDOT FRÈRES
IMPRIMEURS DE L'INSTITUT ET DE LA MARINE
rue Jacob, 56

1865

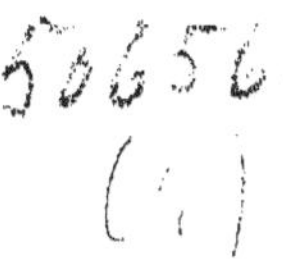

MARINE ET COLONIES.

Dépôt des Cartes et Plans.

RECUEIL RÉGLEMENTAIRE

DES

CARTES ET DOCUMENTS NAUTIQUES

A DÉLIVRER

AUX BATIMENTS DE LA MARINE IMPÉRIALE.

QUATRIÈME CATÉGORIE

BATIMENTS NAVIGUANT SPÉCIALEMENT DANS LA MÉDITERRANÉE.

(Division du littoral Sud de France, Service de l'Algérie, Escadre de la Méditerranée, Division du Levant, Station du Danube.)

Le Recueil réglementaire a été revisé par une commission composée de MM. VILLEMAIN et PÉRIGOT, capitaines de vaisseau, et GAUSSIN, ingénieur hydrographe de 1re classe, chargé du service des Cartes.

Pour faciliter les recherches, les Cartes ont été classées par sections comprenant vingt numéros environ, et répondant toujours à des divisions géographiques. Autant que possible les sections correspondant aux mêmes parages ont reçu la même composition, quelle que fût la catégorie à laquelle elles devaient appartenir.

Ces sections seront renfermées dans des chemises en papier collé sur toile. Les chemises numérotées de 1 à 190 constituent donc une unité intermédiaire entre la carte et le recueil.

Les chemises seront en outre délivrées dans les caisses en bois déjà réglementaires.

Les dates des corrections essentielles sont inscrites dans ce recueil et dans les suppléments trimestriels en caractères droits, celles des corrections secondaires en caractères *italiques*.

La lettre F désigne les cartes françaises, et la lettre A les cartes anglaises.

EXTRAITS

DU

RÈGLEMENT SUR LE SERVICE DES CARTES

ET DES

DÉPÊCHES MINISTÉRIELLES Y RELATIVES.

Le service des cartes est centralisé au Dépôt de la Marine.

L'ingénieur chargé du service des cartes veille à l'approvisionnement du Dépôt, des majorités et des stations, au retrait des cartes supprimées et à leur remplacement.

L'approvisionnement de l'escadre d'évolutions se fera par les soins du port de Toulon. Il ne sera point fait d'expédition à la station d'Islande.

Les expéditions aux stations se feront tous les six mois.

Elles seront adressées collectivement au commandant de la division ou de la station.

Le Directeur général du Dépôt de la Marine et les commandants de divisions navales ou de stations sont autorisés à correspondre entre eux pour ce qui concerne l'approvisionnement des bâtiments en cartes et documents nautiques. (Dép. du 9 janvier 1864.)

Les officiers chargés du service des cartes et l'ingénieur chargé de contrôler le service correspondent entre eux, par l'intermédiaire du Préfet maritime et du Directeur général du Dépôt, pour tous les renseignements qui peuvent intéresser le service.

Les dates des corrections essentielles sont gravées en dehors du cadre en caractères droits. Toute indication de cette nature entraîne la suppression des exemplaires antérieurs.

Les dates des corrections moins importantes sont inscrites en petits caractères italiques dans le coin droit inférieur du cadre. Les exemplaires qui ne portent pas la date des corrections peu importantes ne seront pas lacérés. Suivant le cas, ils seront corrigés à la main dans les ports et à bord des bâtiments, ou seront renvoyés au Dépôt.

En même temps que s'effectuera la correction à la main, la date de la correction sera inscrite sur la carte.

Les dates des corrections importantes faites sur les cartes anglaises seront portées, autant que possible, à la connaissance des officiers des archives et des commandants par les soins du service central. Les exemplaires antérieurs des cartes seront lacérés dès qu'ils auront été remplacés.

Les officiers des archives sont chargés de tout ce qui est relatif à l'approvisionnement de la majorité, à la délivrance des cartes aux bâtiments de la flotte, à leur remise et à leur examen au retour de campagne; ils devront les corriger ou les faire lacérer suivant le cas.

Ils adressent tous les trois mois, au service central, un état des existants, des mouvements trimestriels et des quantités qui leur seraient nécessaires. Ils font connaître dans cet état la date des éditions qu'ils possèdent.

Eu égard aux corrections incessantes apportées aux cartes, tant françaises qu'anglaises, les officiers des archives sont invités à réduire les demandes autant que possible.

Il sera publié tous les trois mois, par les soins du service central, un supplément trimestriel au recueil réglementaire, faisant connaître les additions, les suppressions et les corrections.

Il est fait une distinction entre les cartes supprimées et les cartes rayées.

Les cartes supprimées doivent être lacérées comme dangereuses.

Les cartes rayées sont celles pour lesquelles il n'y a plus d'utilité de les laisser figurer au recueil, par exemple les cartes anglaises nouvellement traduites. Les cartes rayées peuvent être délivrées aux bâtiments jusqu'à ce que l'approvisionnement en soit épuisé.

QUATRIÈME CATÉGORIE

BATIMENTS NAVIGUANT SPÉCIALEMENT DANS LA MÉDITERRANÉE.

(Division du littoral Sud de France, Service de l'Algérie, Escadre de la Méditerranée, Division du Levant, Station du Danube.)

TABLE DES MATIÈRES.

CHEMISES.

QUATRIÈME CATÉGORIE.

OUVRAGES.

CHEMISE N° 1.

Cartes générales du globe et Cartes d'atterrages des côtes d'Europe.

Numéros des Cartes.		Dates des corrections.
F. 818.	Carte hydrographique des parties connues de la terre.	
F. 1425. F. 1426. F. 1427. F. 1428.	Mappemonde hydrographique..........	
F. 1729.	Méridiens et parallèles magnétiques du globe (projection de Mercator)...............	
F. 1730.	Méridiens et parallèles magnétiques du globe (projection polaire)................	
F. 1464.	Océan Atlantique arctique...........	
F. 1465.	Océan Atlantique septentrional...........	1861
F. 1466.	Océan Atlantique méridional...........	1863
F. 863.	Mer des Indes.................	1862
E. 1264.	Océan Pacifique................	
F. 1186.	Mer Méditerranée, bassin Ouest..........	
F. 1265.	Mer Méditerranée, bassin Est..........	
F. 1967.	Mer du Nord, partie septentrionale.........	1863
F. 1760.	Mer du Nord, partie méridionale..........	1863
F. 1961.	Atterrages des côtes N. O. de Iles Britanniques...	1864
F. 1304.	Mer d'Irlande.................	1863
F. 2173.	Carte de la navigation entre la mer du Nord et la Méditerranée..............	
F. 2169.	La Manche...............	
F. 2170.	Sondes à l'Ouest de la Manche..........	
F. 1138.	Atterrages des côtes Ouest de France et des côtes Nord d'Espagne..............	1863
F. 87.	Atterrages des côtes Ouest de France, d'Ouessant à l'île d'Yeu...............	
F. 88.	Atterrages des côtes Ouest de France et des côtes Nord d'Espagne, de l'île d'Yeu au cap Finistère....	

CHEMISE N° 2.

Routes, Vents et Courants.

Numéros des Cartes.		Dates des corrections.
F. 1603.	Carte des vents généraux dans l'océan Indien.	
F. 1604.	Carte des courants généraux dans l'océan Indien. . .	
F. 1605.	Carte des routes dans l'océan Indien.	
F. 1606.	Carte des vents généraux dans l'océan Atlantique. . .	
F. 1607.	Carte des courants généraux dans l'océan Atlantique.	
F. 1608.	Carte des routes dans l'océan Atlantique..	
F. 1609.	Carte des vents généraux dans l'océan Pacifique. . .	
F. 1610.	Carte des courants généraux dans l'océan Pacifique. .	
F. 1611.	Carte des routes dans l'océan Pacifique..	
F. 1612.	Carte des vents généraux dans la mer des Antilles et le golfe du Mexique..	
F. 1613.	Carte des courants généraux dans la mer des Antilles et le golfe du Mexique.	
F. 1614.	Carte des routes dans la mer des Antilles et le golfe du Mexique.	
F. 888.	Courants de marée dans la Manche et la partie Sud de la mer du Nord..	
F. 1498.	Routier-compteur des courants dans la Manche et la mer du Nord.	
	La collection complète des cartes du *Board of trade*, traduites en français.	
	Les *Pilot Charts*, de Maury, suivant la nature de la campagne, d'après les indications de l'arrêté sur le service météorologique, en date du 16 février 1859.	

(Les *Pilot Charts* seront délivrées tant que l'approvisionnement n'en sera pas épuisé.)

CHEMISE N° 3.

Côtes d'Irlande et d'Angleterre.

Côtes Ouest et Sud d'Irlande.

Numéros des Cartes.		Dates des corrections.
A. 2254.	Tralee Bay to Liscanor Bay.	
A. 2679.	Kerry Head to Ballinskillig Bay.	
A. 2424.	Valentia to Cape Clear.	
A. 1996.	Mizen Head to Kinsale.	
A. 2336.	Kinsale to Brattin Head.	
A. 1765.	Cork Harbour.	

Côtes Sud d'Angleterre.

A. 2565.	Trevose Head to the Dodman.	
A. 32.	Falmouth Harbour.	
A. 25.	Dodman to Start Point.	
A. 30.	Plymouth Sound and Hamoaze.	
A. 2620.	Start Point to Portland.	
A. 26.	Torbay.	
A. 2450.	Portland to Portsmouth.	
A. 2615.	Portland to St-Alban's Head.	
A. 2045.	Owers to Christchurch.	
A. 2451.	Portsmouth to Beachy Head.	
A. 2452.	Beachy Head to Dungeness.	
A. 1895.	Dover Strait, or Dungeness to the Thames.	
A. 1828.	The Downs.	

CHEMISE N° 4.

Côtes Nord de France.

Numéros des Cartes.		Dates des corrections.
F. 1139.	Partie méridionale de la mer du Nord..	
F. 1527.	De la frontière de Belgique au cap Gris-Nez.	186[illegible]
F. 947.	De Calais à Saint-Quentin.	
F. 946.	De Saint-Quentin à Fécamp.	
F. 945.	De Saint-Valery en Caux à Dives.	
F. 2088.	Embouchure de la Seine.	
F. 944.	Du cap de la Hève à Barfleur.	
F. 878.	De Barfleur à l'île Bréhat.	
F. 881.	De Barfleur à Carteret.	
F. 886.	De la Hougue à Querqueville.	
F. 845.	Du cap Lévi au cap de la Hague.	
F. 883.	Rade de Cherbourg.	
F. 828.	Raz Blanchart; île d'Aurigny; les Casquets.	
F. 880.	De Carteret au cap Fréhel.	
F. 844.	De Cancale au cap Fréhel.	186[illegible]
F. 839.	Saint-Malo.	186[illegible]
F. 879.	Du cap Fréhel à l'île Bréhat.	
F. 970.	De l'île Bréhat à l'île de Bas.	
F. 971.	De l'île de Bas à l'île d'Ouessant.	
F. 964.	De Pontusval aux roches de Porsal.	

CHEMISE N° 5.

Côtes Ouest de France, de Brest à l'embouchure de la Loire.

Numéros des Cartes.			Dates des corrections.
F.	104.	Environs de Brest (Iroise).	
F.	105.	Partie Nord du chenal du Four et environs d'Ouessant.	
F.	106.	Partie Sud du chenal du Four et entrée de la rade de Brest.	1861
F.	109.	Chaussée des Pierres-Noires.	
F.	110.	Le Conquet—Camaret.	
F.	111.	Le Conquet—Camaret.	
F.	112.	Goulet de Brest.	
F.	113.	Rade de Brest et baie de Douarnenez.	
F.	114.	Passages du Toulinguet, du petit Léac'h et du Corbeau.	1861
F.	115.	— Environs du cap de la Chèvre.	
F.	117.	Chaussée de Sein et passage du raz de Sein.	
F.	118.	Le Tevennec (raz de Sein). — Port de l'île de Sein. .	
F.	119.	Le Tevennec (raz de Sein). — Port de l'île de Sein.	
F.	124.	Du raz de Sein à Lorient.	
F.	129.	Basse Jaune, entrée de l'Aven, anse du Pouldu, île de Groix et entrée de Lorient.	
F.	130.	Passes et rades de Lorient et de Port-Louis.	
F.	131.	De Lorient à Saint-Nazaire.	
F.	132.	De Lorient à Belle-Ile.	
F.	133.	Baie de Quiberon et Morbihan.	
F.	135.	Belle-Ile, presqu'île de Quiberon, îles Houat et Hædic, pointe du Grand-Mont.	

CHEMISE N° 6.

Côtes Ouest de France, de l'embouchure de la Loire à la frontière d'Espagne.

Numéros des Cartes.		Dates des corrections.
F. 140.	De Belle-Ile à l'île d'Yeu.	
F. 141. F. 142.	Embouchure de la Loire.	
F. 143.	Cours de la Loire, de Nantes à son embouchure. . .	
F. 1525.	Cours de la Loire, de Paimbœuf à son embouchure.	
F. 150.	De l'île d'Yeu à la pointe des Baleines.	1859
F. 154.	Pertuis Breton, d'Antioche et de Maumusson. . . .	1859
F. 155.	Entrées des pertuis Breton et d'Antioche.	
F. 156.	Intérieur du pertuis Breton.	
F. 159.	Entrée du pertuis d'Antioche.	
F. 160.	Intérieur du pertuis d'Antioche.	
F. 162.	Rades de l'île d'Aix et des Trousses.	
F. 163.	Cours de la Charente, de Rochefort à l'île Madame. .	
F. 165.	Embouchure de la Gironde.	
F. 1542.	Embouchure de la Gironde.	
F. 167.	Gironde, Garonne jusqu'à Bordeaux, et Dordogne jusqu'à Libourne.	
F. 1689.	Cours de la Gironde, de Pauillac à la pointe de Graves.	
F. 172.	Environs du bassin d'Arcachon.	
F. 173.	Bassin d'Arcachon.	1861
F. 174.	De Mimizan à la frontière d'Espagne.	
F. 178.	Saint-Jean de Luz.	

CHEMISE N° 7.

Côtes d'Espagne et de Portugal sur l'océan Atlantique.

Numéros des Cartes.		Dates des corrections.
F. 734. / F. 735.	Côte septentrionale d'Espagne.	1863
F. 181.	Port du Passage.	
F. 182.	Saint-Sébastien.	
F. 1194.	Santander.	1860
F. 190.	Côte d'Espagne, du cap Ortegal au cap Sileiro. . . .	
A. 1755.	Ferrol Harbour to Cape Finisterre.	
F. 191.	Ferrol, Betanza et Corogne.	
F. 192.	Le Ferrol.	
A. 1756.	Cape Finisterre to Vigo Bay.	
A. 2548.	Ria de Vigo.	
F. 197.	Côte de Portugal.	
A. 88.	Douro River.	
F. 2131.	Entrée du Tage.	
A. 2165.	Tagus river..	
F. 1522.	Setuval.	
F. 199.	Du cap Saint-Vincent au détroit de Gibraltar. . . .	
F. 1699.	Entrée du Guadalquivir.	
F. 1785.	Du Guadalquivir au cap Trafalgar.	
F. 1742.	Cadix et ses atterrages.	
F. 1761.	Conil et ses atterrages.	

CHEMISE N° 12.

Côtes occidentales d'Afrique, du détroit de Gibraltar à Gorée; îles Canaries, du cap Verd, Madère et Açores.

Numéros des Cartes.		Dates des corrections.
A. 1226.	Gibraltar Strait to the river Gambia, etc.	
F. 1836.	Du détroit de Gibraltar au cap Bojador	
F. 1165.	Du détroit de Gibraltar au cap Ghir.	
F. 1710.	Larache.	
F. 1510.	Rabat et Salé	
F. 1506.	Dar-el-Beidar ou Casa-Blanca.	
F. 1507.	Mazaghan	
F. 1508.	Safi.	
F. 1511.	Mogador.	
F. 1509.	Agadir ou Santa-Cruz.	
F. 1196.	Du cap Ghir au cap Bojador et îles Canaries . . .	1860
F. 294.	Rade de Santa-Cruz (Ténériffe).	1858
F. 1047.	Baie de Palmas (Grande-Canarie).	
F. 296.	Du cap Bojador au cap Blanc.	
F. 297.	Du cap Blanc au cap Verd.	
F. 1706.	Du Sénégal au cap Roxo.	
F. 1049.	Atterrages et mouillages de Saint-Louis.	
F. 1295.	Mouillage de Saint-Louis.	
F. 300.	Rade de Gorée.	
F. 298.	Iles du cap Verd.	
A. 1831.	Madeira Island.	
A. 1689.	Funchal Bay.	
F. 1266.	Iles Açores.	
A. 1940.	Fayal Channel.	

CHEMISE N° 13.

Portulan des îles éparses de l'océan Atlantique.

Numéros des Cartes.		Dates des corrections.
F. 1317.	Ile de Sable	
F. 1318.	Archipel des Açores (carte-table)	
F. 1319.	Iles Corvo et Flores. — Santa-Cruz (Flores)	
F. 1320.	Ile Graciosa et ses mouillages. — Ile Baxo. — Baie Goner-Praya	
F. 1321.	Ile Terceira. — Angra et Praya	
F. 1322.	Iles Fayal, Pico et San-Jorge. — Baie Horta (Fayal).	
F. 1323.	Ile San-Miguel. — Villafranca et Ponta-Delgada	
F. 1324.	Ile Santa-Maria. — San-Lourenzo, do Porto, Formigas.	
F. 1325.	Iles Madin, Porto-Santo et Desertas. — Baie de Funchal.	
F. 1326.	Iles Bermudas. — Entrée du mouillage de Murray	
F. 1327.	Archipel des Canaries (carte-table)	
F. 1328.	Iles Palma, Gomera, Hierro. — Santa-Cruz (Palma). — San-Sébastien (Gomera). — Port Naos (Hierro).	
F. 1329.	Ile de Ténériffe. — Rade de Santa-Cruz	1860
F. 1330.	Ile Gran-Canaria. — Baie de Palmas, port de la Luz et baie Confitable	
F. 1331.	Iles Lanzarote et Fuerte-Ventura. — Détroit de Rio. — Ports de Naos et Arecife (Lanzarote). — Port Cabras (Fuerte-Ventura)	
F. 1332.	Iles du Cap-Verd (carte-table)	
F. 1333.	Iles San-Antonio, San-Vicente, Santa-Lucia, Branco, Raza, San-Nicolao. — Porto-Grande (San-Vicente). — Baie Tarrafal (San-Antonio)	
F. 1334.	Ile de Sal. — Ile Boavista. — Baie de Mordeira (Ile de Sal). — Rade Anglaise (Ile Boavista)	
F. 1335.	Iles Mayo, San-Yago, Fogo, Brava. — Baie de la Praya (Ile San-Yago)	
F. 1336.	Ile Fernando-Noronha	1863
F. 1337.	Ile de l'Ascension. — Mouillage de l'île de l'Ascension.	
F. 1338.	Ile Sainte-Hélène	
F. 1339.	Ile de la Trinidad et ilots de Martin-Vaz	
F. 1340.	Iles Tristan-d'Acunha. — Mouillage de l'île Gough.	

CHEMISE N° 24.

Cartes routières de la Méditerranée.

Numéros des Cartes.		Dates des corrections.
F. 1186.	Bassin Ouest de la Méditerranée. . . . . (Pour mémoire, voir la chemise n° 1.)	
F. 1265.	Bassin Est de la Méditerranée. . . . . (Pour mémoire, voir la chemise n° 1.)	
F. 1006.	Bassin Ouest de la Méditerranée, du détroit de Gibraltar à la Sardaigne.	
F. 1865.	Golfe de Gênes, des îles d'Hyères au canal de Piombino.	
F. 2122.	Du canal de Piombino au golfe de Naples, côtes orientales de Corse et de Sardaigne.	
F. 2021.	Bassin compris entre la Sardaigne, l'Italie et la Sicile.	
A. 165.	Sicily Islands.	
F. 907.	Mer Ionienne.	
A. 1440.	Adriatic Sea.	
F. 1302.	Mer Adriatique, partie Sud.	1865
F. 1301.	Mer Adriatique, partie Nord.	
F. 1457.	Archipel, partie Sud.	1865
F. 1456.	Archipel, partie Nord.	1865

CHEMISE N° 25.

Du détroit de Gibraltar au cap Palos.

Numéros des Cartes.		Dates des corrections.
F. 1843.	Entrée de la Méditerranée jusqu'aux caps Palos et Ferrat.	
F. 1809.	Détroit de Gibraltar.	
F. 1787.	Mouillages de la côte d'Espagne dans le détroit de Gibraltar (Plata, Bolonia, Val de Vaqueros, Tarifa et Gualmesi).	
F. 1619.	Mouillage de Tarifa.	
F. 1743.	Baie d'Algésiras.	
A. 524.	Gibraltar new mole.	
F. 1812.	Mouillage de Marbella.	
F. 1813.	Mouillage de Frangerola.	
F. 207.	Malaga. — Molinos. — Nerja.	
F. 1188.	Port de Malaga.	
F. 208.	La Herradura. — Berengueles. — Almunecar. — Belilla.	
F. 209.	Plage de Salobrena. — Cala-Honda. — Mouillage du château de Ferro. — Mouillage d'Adra.	
F. 210.	De la tour de Belerma à celle de las Sentinas. — Roquetas. — Almeria. — San Francesco de Paula ou Corraletes.	
F. 211.	Saint-Joseph et port Génois. — Los Escullos ou Mahomet-Arraez. — San Pedro. — La Carbonera. . .	
F. 212.	Las Aguilas. — Mont de Cope. — Almazarron et la Subida. — Portus.	
F. 213.	Carthagène.	
F. 214.	Por-Man. — Ile Grosa. — Torre-Vieja. — Lugar Nuevo et île Tabarca.	

CHEMISE N° 26.

Côtes d'Espagne, du cap Palos au cap de Creux; îles Baléares.

	Numéros des Cartes.		Dates des corrections
F.	215.	Du cap Palos au cap de Creux et îles Baléares. . . .	
F.	216.	Alicante. — Benidorme. — Altea.	
A.	1187.	Alicante to Palamos and Balearic Islands.	
F.	217.	Calpe. — Almorayra. — Xavia.	
F.	218.	Denia. — Cap Cullera. — Valence.	
A.	562.	Port of Valencia.	
F.	219.	Peñiscola. — Fangal. — Alfaques.	
F.	220.	Tarragone. — Barcelone.	1864
F.	221.	Salou. — Mataro. — Blanes. — Lloret.	
F.	222.	Tosa. — San-Felice de Quixols. — Palamos.	
F.	1248.	Des îles des Mèdes au cap de Creux.	
F.	1249.	Mouillage des îles des Mèdes.	
F.	1169.	Roses.	
F.	1212.	Cadaquès et Lligat.	
F.	1213.	Santa-Cruz de la Selva.	
A.	1239.	Columbretes Rocks.	
F.	1189.	Port d'Ivice.	
F.	224.	Baie de Palme. — Port Pi. — Port d'Andrache. — Port de Soller. — Port de l'île Cabrera. — Port Petra. — Cala-Longa (île Majorque).	
A.	148.	Port Mahon.	

CHEMISE N° 27.

Côtes méridionales de France, du cap de Creux au cap Couronne.

Numéros des Cartes.		Date des corrections.
F. 1303.	Carte générale des atterrages des côtes méridionales de France.	
F. 1244.	Carte des atterrages des côtes méridionales de France, du cap Saint-Sébastien au cap Couronne.	
F. 1218.	Du cap de Creux à Canet.	
F. 1043.	Port-Vendres.	
F. 1166.	De l'embouchure de la Tet à Gruissan.	
F. 1121.	La Nouvelle. — Le Grau-du-Roi (Aigues-Mortes). . .	
F. 1167.	De Gruissan au mont d'Agde.	
F. 1122.	Entrée de l'Hérault et rade de Brescou.	
F. 1134.	Du cap d'Agde à Maguelonne.	
F. 1123.	Cette.	
F. 1117.	De Maguelonne aux Saintes-Maries.	
F. 1118.	Des Saintes-Maries aux embouchures du Rhône. . .	
F. 1119.	De Faraman au cap Méjean.	
F. 1172.	Étangs de Berre et de Caronte, port de Bouc. . . .	
F. 1034.	Port de Bouc et ses environs.	

CHEMISE N° 28.

Côtes méridionales de France, du cap Couronne à la frontière d'Italie.

Numéros des Cartes.		Dates des corrections.
F. 1303.	Carte générale des atterrages des côtes méridionales de France. . . . . (Pour mémoire, voir la chemise n° 27.)	
F. 1245.	Carte des atterrages des côtes méridionales de France, du cap Couronne à Villefranche.	
F. 1183.	Du cap Couronne au Bec-de-l'Aigle.	1863
F. 1042.	Port de Marseille et ses environs.	1863
F. 979.	Du Bec-de-l'Aigle à Giens.	
F. 1010.	La Ciotat, Cassis et Port-Miou.	
F. 968.	Rades de Brusc et de Bandol et port de Saint-Nazaire.	
F. 952.	Rade de Toulon.	1865
F. 980.	De Giens au cap Camarat.	
F. 953.	Rade, ports et passes de Port-Cros.	
F. 969.	Rade de Bormes et mouillage de Lavandou. — Mouillage de Cavalaire.	
F. 1041.	Du cap Lardier au cap Roux.	
F. 1007.	Golfe de Saint-Tropez.	
F. 981.	Rade d'Agay.	
F. 1120.	Du cap Roux au Var.	
F. 1008.	Golfe Jouan; port de Cannes et ses environs.	
F. 1009.	Antibes et ses environs.	
F. 1168.	Du cap de la Garoupe au cap Martin.	
F. 1135.	Nice et Villefranche.	
F. 1170.	Monaco et ses environs.	

CHEMISE N° 29.

Côtes d'Italie, de la frontière de France au canal de Piombino.

Numéros des Cartes.		Dates des corrections.
F. 1821.	De Monaco à San-Lorenzo	
F. 1822.	De San-Lorenzo au cap Caprazoppa	
F. 1808.	Du cap Caprazoppa à Arenzano	
F. 1713.	Baie de Vado et Port de Savone (rivière de Gênes) . .	
F. 1715.	D'Arenzano à Porto-Fino	
F. 1714.	Port de Gênes et ses environs	
F. 1789.	De Porto-Fino au cap Mesco	
F. 1788.	Du cap Mesco à la Magra	
F. 1215.	Golfe de la Spezia	
F. 1309.	De la Spezia à l'embouchure de l'Arno	
F. 1310.	De l'embouchure de l'Arno au cap Castiglioncello . .	1859
F. 1171.	Rade de Livourne	1859
F. 1312.	Ile de la Gorgone	
F. 1311.	Du cap Castiglioncello à la tour Popolonia	
F. 1246.	Mouillage de Vado (Toscane)	
F. 1461.	Ile Capraja	

CHEMISE N° 30.

Côtes d'Italie, du canal de Piombino au Tibre.

Numéros des Cartes.		Dates des corrections.
F. 1458.	De la tour Popolonia à la tour Troja (canal de Piombino).	
F. 1214.	Porto-Ferrajo.	
F. 1247.	Porto-Longone.	
F. 1455.	Partie Ouest de l'île d'Elbe et île Pianosa.	
F. 1431.	De la tour Troja à Talamone.	
F. 1447.	Iles Pianosa et Monte-Christo.	
F. 1448.	Pianosa.	
F. 1449.	Monte-Christo.	
F. 1454.	Mont Argentaro, îles Giglio et Giannutri.	
F. 1432.	Baie de Talamone.	
F. 1433.	Port de San-Stefano.	
F. 1462.	Ile Giglio.	
F. 1459.	Du mont Argentaro à Montalto; île Giannutri. . . .	
F. 1429.	Porto-Ercole.	
F. 1463.	Ile Giannutri.	
F. 1460.	De Montalto à la tour Linaro.	
F. 1430.	Civita-Vecchia.	
F. 1786.	De la tour Linaro au Tibre.	
F. 1615.	Embouchure du Tibre.	

CHEMISE N° 31.

De l'embouchure du Tibre au détroit de Messine.

Numéros des Cartes.		Dates des corrections.
F. 1882.	De l'embouchure du Tibre à Porto-d'Anzio.	
F. 1806.	Porto-d'Anzio.	
F. 1947.	De Porto-d'Anzio à Gaëte.	
F. 1956.	Iles Ponza et Ventotene, et côte d'Italie adjacente. . .	
F. 1970.	Iles Ponza et Zannone.	
F. 1985.	De Gaëte au cap Misène.	
F. 2058.	Golfe de Naples.	
F. 1974.	Canaux d'Ischia et de Procida.	
F. 1931.	Baie de Pouzzoles.	
F. 1965.	Rade de Naples.	1864
F. 1893.	Rade de Castellamare.	

CHEMISE N° 32.

Corse.

	Numéros des Cartes.		Dates des corrections
F.	232.	Ile de Corse.	
F.	252.	Du port Malfalco à Bastia.	
F.	253.	Golfe de Saint-Florent.	
F.	254.	Mouillages à la côte Nord de l'île, port et rade de Macinaggio.	
F.	255.	Côte de Bastia, et mouillage de la pointe d'Arco. . .	
F.	256.	Port de Bastia, et mouillages extérieurs.	1860
F.	257.	De Bastia à l'embouchure du Fium-Orbo.	
F.	258.	De l'embouchure du Fium-Orbo aux bouches de Bonifacio.	
F.	259.	Golfe de Pinarello, port de Favone, Porto-Nuovo, calangue del Gionco.	
F.	260.	Porto-Vecchio.	
F.	261.	Iles Cerbicale, canal entre ces îles et la Corse. . . .	
F.	234.	Passages de la Piantarella, golfe de Santa-Manza. . .	
F.	233.	Bouches de Bonifacio.	
F.	238.	Des Bouches de Bonifacio au golfe de Sagone.	
F.	239.	Port de Bonifacio.—Port de Figari, calangue de Conca.	
F.	240.	Moines ou Monachi, côte S. O. adjacente.	
F.	241.	Mouillages de Propriano, Porto-Pollo et Campo-Moro.	
F.	242.	Mouillages au fond du golfe d'Ajaccio.	1859
F.	243.	Iles Sanguinaires, entrée du golfe d'Ajaccio.	
F.	244.	Golfe de Sagone.	
F.	245.	Mouillage de Sagone et côte adjacente.	
F.	246.	Golfe de Lava, Port Provençal, golfe et port de Girolata.	
F.	247.	Golfe et port de Galeria.	
F.	248.	De Calvi au golfe de Saint-Florent.	
F.	249.	Golfes de Calvi et de Revellata.	
F.	250.	Dangers de l'Algajola et côte N. O. adjacente. — Port de Malfalco. — Port et côte de Centuri.	
F.	251.	Mouillage de l'île Rousse.	1860
F.	262. 263.	Vues de diverses parties des côtes de l'île de Corse. .	

CHEMISE N° 33.

Sardaigne.

Numéros des Cartes.		Dates des corrections.
A. 161.	Sardinia Island.	
F. 235.	Porto-Liscia, Porto-Puzzo et Porto-Pollo.	
F. 236.	Porto-Palma. — Rade d'Agincourt.	
F. 237.	Rade d'Arsachena. — Longo-Sardo. — Porto-Servo. .	
F. 916.	Côte N. E., des îles dei Libani à l'île Tavolara. . . .	
F. 1124.	Côte S., du cap Ferrato dans l'E. au cap Altano dans l'O.	
F. 1067.	Du cap Ferrato à la tour de Capo-Boi, baie de Carbonara.	
F. 1127.	Partie orientale du golfe de Cagliari.	
F. 1126.	Partie occidentale du golfe de Cagliari.	
F. 1125.	De la tour de Pula au cap Teulada; baie de l'île Rousse.	
F. 1066.	Baie de Palmas.	
F. 1031.	Canal de San-Pietro.	
A. 1128.	Conte and Alghero Ports.	
F. 917.	Golfe d'Asinara.	

CHEMISE N° 34.

Iles Lipari, Sicile et Malte.

Numéros des Cartes.			Dates des corrections.
F.	1818.	Iles Lipari.	
F.	1852.	Mouillages de Lipari.	
F.	1853.	Ile Panaria (groupe des Lipari).	
A.	176.	Sicily East Coast, Faro light to Passaro Tower. . . .	
F.	2113.	Détroit de Messine.	
F.	1938.	Partie Nord du détroit de Messine.	
F.	1919.	Port de Messine.	
A.	180.	Taormina Bay and Environs.	
F.	1256.	Port d'Augusta.	
F.	265.	Port de Syracuse.	1863
A.	184.	Sicily South Coast, Avola to cape Granitola.	
A.	185.	Girgenti Anchorage.	
A.	187.	Sicily West Coast, Cape Granitola to Castel-a-Mare. .	
A.	189.	Pizzolongo Point to Marsala.	
F.	266.	Iles, écueils et mouillages des environs de Trapani. .	1863
A.	167.	North Coast, Cape St Vito to Taormina and Lipari Islands.	
F.	264.	Golfe de Palerme et ses environs.	
A.	170.	Palermo City and Bay.	
A.	175.	Milazzo City, Bay and Promontory.	
A.	194.	Malta and Gozzo Islands.	
F.	1854.	Iles de Malte, de Lavalette à Marza-Scirocco. . . .	
A.	195.	Valetta Harbours.	

CHEMISE N° 35.

Du cap Bon à Alger.

Numéros des Cartes.		Dates des corrections.
F. 984.	Passage entre la Sicile et l'Afrique.	
F. 2120.	Côtes de Tunis, d'Africa aux roches Fratelli.	
F. 1241.	Environs de Tunis et mouillage de la Goulette . . .	
F. 1299.	Bizerte.	
A. 1381.	Benzert Road and Lakes.	
F. 838.	De la Galite à Alger.	
F. 803.	Ile de la Galite.	
F. 1485.	Mouillage de Tabarque.	
F. 1497.	Port de la Calle et ses atterrages.	
F. 821.	Atterrages de Bône.	
F. 806.	Mouillages de Bône.	
F. 1145.	Port de la Calle. — Port de Bône. — Port de Collo. — Port de Gigelly.	
F. 794.	Golfes de Stora et Collo.	
F. 1306.	Mouillages de Stora et Philippeville.	
F. 1308.	Mouillage de Collo.	
F. 1204.	Mouillage de Gigelly.	
F. 796.	Golfe de Bougie.	
F. 1144.	Mouillage de Bougie.	
F. 1206.	Mouillage de Dellys.	

CHEMISE N° 36.

D'Alger au détroit de Gibraltar.

	Numéros des Cartes.		Dates des corrections.
F.	841.	D'Alger aux îles Zafarines	1861
F.	853.	Atterrages d'Alger.	
F.	850.	Mouillage d'Alger.	
F.	1143.	Port d'Alger.	
F.	289.	Mouillage de Sidi-Ferruch.	
F.	1207.	Atterrages de Cherchell.	
F.	1486.	Port de Tipazza et baie de Schenouah.	
F.	1744.	Atterrages de Ténez.	
F.	1210.	Mouillage de Mostaganem et embouchure du Chélif.	
F.	820.	Atterrages d'Arzeu et d'Oran.	1861
F.	805.	Mouillage d'Arzeu.	
F.	731.	Baie d'Oran et mouillage de Mers-el-Kibir.	
F.	1524.	Ile Rachgoun et embouchure de la Tafna.	
F.	1142.	Anse de Djemma-el-Gazaouet. — Port d'Oran. — Mouillage de Ténez. — Port de Cherchell.	
F.	804.	Iles Zafarines.	
F.	1711.	Côte Nord du Maroc.	
F.	1700.	Tétouan.	
F.	1809.	Détroit de Gibraltar. . . . . (Pour mémoire, voir la chemise n° 25.)	
F.	1723.	Mouillage de Ceuta.	
F.	1748.	Cala-Grande, Alcazar, R'mel, Almanza et Benzus. . .	
F.	1701.	Tanger et ses atterrages.	

CHEMISE N° 37.

Du détroit de Messine à Trieste.

Numéros des Cartes.		Dates des corrections.
F. 907.	Mer Ionienne	
F. 1272.	Tarente. — Crotone. — Gallipoli.	
A. 1440.	Adriatic Sea (Pour mémoire, voir la chemise n° 24.)	
F. 1301.	Mer Adriatique, partie Sud. (Pour mémoire, voir la chemise n° 24.)	
F. 1302.	Mer Adriatique, partie Nord. (Pour mémoire, voir la chemise n° 24.)	
F. 1273.	Port d'Otrante	
F. 1274.	Port de Brindisi	
F. 1275.	Barletta. — Trani. — Bisceglia. — Molfetta. — Bari. — Mola.	
F. 1276.	Iles Tremiti. — Iles Pelagosa. — Ile Pianosa	
F. 1277.	Porto Nuevo. — Ortona di Mare. — Viesti et Manfredonia	
F. 1278.	Ancône.	
A. 1880.	Ancona	
F. 1279.	Rimino. — Pesaro. — Fano. — Sinigaglia	
F. 1305.	Golfes de Venise et de Trieste. — Ports de Venise, Trieste et Malamocco.	
F. 1280.	Venise. — Porto di Chioggia	
F. 1281.	Trieste	
F. 269.	Rade de Pirano.	
F. 1282.	Port Pirano	

CHEMISE N° 38.

De Trieste à Raguse.

Numéros des Cartes.		Date des corrections
F. 271.	Ports de Parenzo et d'Umago. — Entrée du Lemo. . .	
F. 1283.	Port Omago.	
F. 270.	Porto Quieto.	
F. 1284.	Port Quieto et Città-Nova.	
F. 1285.	Parenzo.	
F. 1286.	Canal de Lemo.	
F. 272.	Environs de Pola.	
F. 273.	Port de Pola.	
F. 1287.	Port Veruda.	
A. 2711.	Promontore to Grossa Island.	
A. 1915.	Canale dell' Arsa.	
A. 1677.	Port Kerso, Porto Re, Maltempo Canale, Unie Bay, and Port S. Pietro di Nembo.	
F. 1288.	Port Augusto.	
F. 1289.	Port Beguglia.	
A. 2774.	Grossa Island to Porto Rogosnizza.	
F. 274.	Détroit de Pasman. — Port de Zara. — Port de Spalatro.	
A. 1567.	Morter Canale and Strait.	
F. 275.	Environs de Sebenico.	
A. 2712.	Rogosnizza to Meleda Island.	
A. 1622.	Rogosnizza Port.	
A. 1612.	Spalatro Port.	
A. 1615.	Lesina Channel.	
A. 1618.	S. Giorgio (Lissa).	
A. 1611.	Valle Grande (Curzola Island).	
A. 1616.	Curzola Channel.	
A. 1649.	Bull Arm.	
A. 1613.	Port Palazzo (Meleda Island).	

CHEMISE N° 39.

De Raguse au cap Linguetta.

Numéros des Cartes.		Dates des corrections.
A. 1582.	Ragusa with the Kalamoto Channel, Port Ragusa Vecchia, Gravosa, Malfi.	
F. 276.	Environs de Raguse.	
F. 277.		
F. 278.		
F. 279.	Ports de Molonta.	
A. 1463.	Cattaro Gulf, Port Budua.	
F. 280.	Golfe de Cattaro.	
A. 1586.	Antivari Bay.	
A. 1588.	Dulcigno Road.	
A. 1590.	Durazzo Bay.	
A. 1587.	Avlona Bay.	

La collection des vingt cartes autrichiennes de l'Adriatique sera délivrée aux bâtiments de l'escadre d'évolutions et à l'amiral commandant la station du Levant.

CHEMISE N° 40.

Du cap Linguetta au cap Saint-Ange.

Numéros des Cartes.		Dates des corrections.
A. 1589.	Port Palermo, ancient Panormus.	
A. 206.	Corfu Channels, with adjacent Coast of Albania and 5 Plans.	
F. 1906.	Rade de Corfou.	
A. 207.	Parga to Katakolo, and the Gulfs of Arta and Patras.	
A. 1617.	Port Parga..	
A. 208.	Arta Gulf, and Prevesa Strait..	
A. 1591.	Prevesa Strait.	
A. 1609.	Santa Maura, North Road.	
A. 1701.	Santa Maura, Mole.	
A. 1621.	Vliko Port and Sparti Isles (Santa Maura)..	
F. 1900.	Port Vathy (Ithaque).	
A. 1623.	Dragamesti Bay..	
A. 1557.	Port Argostoli (Cephalonia).	
A. 1600.	Corinth or Lepanto Gulf..	
F. 1907.	Baie de Zante.	
A. 1762.	Zante Bay..	1864
A. 1680.	Cape Katakolo to Venetico. — Strivali Isles, Ports Longona, Mothoni, and Koroni.	
F. 1899.	Baie de Navarin..	
A. 1685.	Venetico to Cape Malea, Cerigo Island, Kapsali Bay, Port Nicolo in Cerigo, Port Potamo in Cerigotto..	
A. 1437.	Xyli Bay.	
A. 1436.	Vatika Bay, and Cervi Island..	

CHEMISE N° 41.

Côtes Est de Grèce et îles adjacentes, du cap Saint-Ange au cap Sunium.

Numéros des Cartes.		Dates des corrections.
F. 1493.	Iles Naxos, Paros, Milo, Santorin.	1859
A. 2051.	Milo, Anti-Milo, Kimolo and Polino.	
A. 1817.	Siphano, Serpho, Thermia and Jura.	
A. 1837.	Paros and Naxos, Kastro Pass.	
F. 1930.	Port Trio (île de Paros). — Baie de Naxia (île de Naxos).	
F. 1929.	Port Naussa (île de Paros).	
A. 1866.	Amorgo and Denusa.	
A. 2043.	Santorin Island.	
A. 2753.	Polykandro, Sikino, and Nio Islands.	
F. 1258.	Golfes d'Athènes et de Nauplie.	1859
F. 1943.	Port Jeraka. — Monemvasia. — Port Kheli. — Port d'Épidaure (Grèce).	
A. 1518.	Gulf of Nauplia.	
A. 1525.	Hydra Bay, Spezzia, Dhoko, etc.	
F. 2000.	Ile de Poros.	
A. 1514.	Ægina and Methana.	
F. 1937.	Port San Nikolao (île Zéa). — Port et ville d'Égine. .	
A. 1513.	Salamis and Eleusis Bay, Giorgio Channel.	
F. 1944.	Le Pirée ou port Drako.	

CHEMISE N° 42.

Côtes Est de Grèce et îles adjacentes, du cap Sunium au golfe de Volo.

Numéros des Cartes.		Dates des corrections.
F. 1259.	Débouquements de Syra et îles Andros, Tinos, Myconi, Délos, Zéa, etc. — Port de Syra. — Passe Steno.	1859
A. 1657.	Gulf of Athens, Zea and Makronisi.	
A. 1526.	Mandri Channel.	
F. 1945.	Port Mandri. — Port Raphti.	
F. 1937.	Port San-Nikolao (île Zéa). — Port et ville d'Égine. . (Pour mémoire, voir la chemise n° 41.)	
A. 1815.	Tinos, Mykoni, Rhenæa.	
A. 1820.	Andros, with Steno Pass enlarged.	
F. 2004.	Baie de Gavrion (Andros).	
F. 2089.	Canaux d'Égripo, Talante et Orcos, et île de Négrepont.	
A. 1597.	Petali Gulf and Eastern Part of Euripo Channel. . . .	
F. 2001.	Iles Petali.	
A. 2802.	Euripo Town and Straits.	
A. 1554*b*.	Talanta and Western Part of Euripo Channel. — Euripo Strait.	
A. 1554*a*.	Talanta and Oreos Channels, Lith-Ada Islands. . . .	
F. 1476.	Golfes de Volo et de Zitouni, Iles Skopelo et Skyros, partie N. de Négrepont.	1862
A. 1556.	Gulf of Volo.	
A. 2072.	Skopolo Group, Skiatho Channel, Port Planedhi. . .	
A. 2048.	Skyro Island.	

CHEMISE N° 43.

Côtes de Turquie et îles adjacentes, du golfe de Volo au Bosphore (mer de Marmara).

Numéros des Cartes.		Dates des corrections.
F. 1482.	Golfes de Salonique, Cassandre et Monte-Santo. . .	
A. 2070.	Saloniki Bay.	
A. 1679.	Port Koupho and Erissos Bays; Thaso Strait; Dimitri and Sikia Ports; the mouth of the Kara-Sou. . .	
F. 1528.	Golfes de Rouphani et de Monte-Santo.	1859
F. 1477.	Golfe de Saros; entrée des Dardanelles; îles Imbros, Samothraki, etc.	1859
F. 2002.	Iles Saros. — Port de Baklar.	
F. 1917.	Mer de Marmara.	
A. 1608.	Entrance to the Dardanelles.	
A. 2429.	Dardanelles Narrows.	
F. 1523.	Mouillage de Lampsaka.	
F. 1999.	Ports et mouillages de la mer de Marmara.	
A. 2242.	Channel and Anchorage of Rhoda.	
A. 2286.	Princes Islands.	
F. 1846.	Bosphore, carte générale.	
F. 1790.	Bosphore, — 1re feuille, Constantinople.	
F. 1791.	Bosphore, — 2e feuille, Therapia, Beicos.	
F. 1792.	Bosphore, — 3e feuille, Mer Noire.	

CHEMISE N° 44.

Mer Noire.

Numéros des Cartes.		Dates des corrections.
F. 1860.	Mer Noire.	
F. 1857.	Du cap Kerempeh à Mangalia (abords du Bosphore). .	
A. 2399.	Gulf of Pyrgos or Burghaz.	
A. 2285.	Varna.	
F. 1858.	De Mangalia au cap Khersonèse.	
A. 2835.	Delta of Danube.	
A. 2383.	Odessa Bay.	
F. 1697.	Mouillage extérieur de Kinbourn et entrée du Limane du Dniéper.	
A. 228.	Sevastopol Harbour.	
F. 1526.	Baies de Kasatch, Kamiesh et Streletzka.	
F. 1859.	Du cap Khersonèse à la pointe Chardak.	
F. 1849.	Mer d'Azof.	
F. 1718.	Passes de Kerch et d'Ienikalé.	
F. 1850.	De la pointe Chardak au cap Zéfiros.	
F. 1851.	Du cap Zéfiros au cap Kerempeh.	

CHEMISE N° 45.

Mer Noire.

Chemise spéciale à la station du Danube.

(Cette chemise se délivrera au commandant en chef de la division du Levant.)

Numéros des Cartes.		Dates des corrections.
A. 2294.	Koslu Bay	
A. 2387.	Bender Erekli	
A. 2204.	Yniada Road	
A. 2287.	Baljik Bay	
A. 1233.	Kustenjeh Anchorage	
A. 2428.	Kustenjeh to Chernavoda and Rassova	
A.	Plan 1. St George and Sulina Mouth of the Danube.	
A.	2. Bar and Entrance of the St George Mouth . .	
A.	3. St George Mouth of the Danube	
A.	4. Sulina Bar and Mouth	
A.	5. The Delta of the Kilia Branch	
A.	6. Ochakov Mouth of the Kilia Branch	
A.	7. Eastern Part of the Kilia Branch	
A.	7a. Sketch of the Kilia Branch	
A. 2505.	St George's Mouth	
A. 2207.	Mouth of the Kilia Branch; Sulina Mouth and Fido Nisi Island	
A. 2208.	Dniester Bay. — Tsarigrad and Ochakov	
A. 2380.	Dnieper of Kherson Bay Bay and Dnieper River . . .	
A. 2378.	Bug River	
A. 2210.	Tendra Peninsula	
A. 2292.	Akmechet Harbour	
A. 2340.	Balaklava Port	
A. 2211.	Yalta and Ourzouv Roads	
A. 2221.	Ports Alushta, Kaffa, Anapa, Sujak Bay, Ghelenjik, St Duka, Sukhum Bay	
A. 2209.	Berdiansk Road	
A. 2220.	Ports Vona, Batoum, Rizeh, Trebizond, Platana	
A. 2216.	Ports Sinoub, Ak-liman, Amastra, Gherzeh, Samsoun, Ounieh	

CHEMISE N° 46.

Côtes de Turquie et îles adjacentes, de l'entrée des Dardanelles au canal de Scio inclusivement.

Numéros des Cartes.		Dates des corrections.
F. 1490.	Entrée des Dardanelles; golfe d'Adramity; îles de Mitylène, Ténédos, Lemnos et Strati.	1862
A. 1659.	Lemnos Island.	
F. 2005.	Kastro (Lemnos). — Sigri (Mitylène).	
A. 1661	Moudros and Kondia Ports (Lemnos).	
A. 1662.	Pournea Bay (Lemnos).	
A. 1891.	Strati Island.	
A. 1672.	Mosko-nisi. — Aivali Bay.	
A. 1665.	Mityleni Island, and Iero Entrance.	
F. 1292.	Golfe de Smyrne et ses abords. — Entrée du port Longone. — Entrée du port Olivier.	1859
A. 1902.	Gulf of Sandarlik.	
A. 1673.	Port Ajano.	
F. 1293.	Golfe de Smyrne.	1857
A. 1522.	Smyrna Harbour.	
A. 1521.	Ports in Gulf of Smyrna; Vourlah Road; Sahib; Fouges; Foggia Nova; City of Smyrna.	
A. 1641.	Port Egri-liman.	
F. 2006.	Chesmeh (détroit de Scio).	
F. 2013.	Ports Égrylar, Mersin et Sikia (entrée du détroit de Scio).	
A. 1645.	Khios Island and Strait, Coast to Sighajik.	
A. 1633.	Spalmatori Islands. — Port Kolokythia.	
A. 1524.	Psara Island.	

CHEMISE N° 47.

Côtes d'Asie Mineure et îles adjacentes, du canal de Scio au golfe de Mandeliah.

Numéros des Cartes.		Dates des corrections.
F. 1495.	Golfes de Scala-Nova et Mandeliah. — Iles à l'E. de Naxos.	1859
A. 1893.	Sighajik Bay to the Gulf of Scala-Nova.	
A. 1668.	Sighajik Harbour.	
A. 1527.	Gulf of Scala-Nova, and Ephesus.	
F. 1012.	Atterrages et mouillage de Scala-Nova.	
A. 1530.	Samos Strait, or Boghaz.	
A. 1878.	Port Tigani (Samos Island).	
A. 1555.	Strait of Samos to the Gulf of Mandeliah.	
A. 1546.	Gulf of Mandeliah.	
A. 1529.	Port Isene (Mandeliah Gulf).	
F. 2014.	Boudroum. — Port Gumishlu.	
A. 1867.	Nikaria Island.	
A. 1537.	Fourni Islands.	
A. 1574.	Patmos, Arki and Lipso Islands.	
A. 1666.	Lero and Kalimno Islands.	
A. 1889.	Levitha Island.	

CHEMISE N° 48.

Côtes d'Asie Mineure, du golfe de Mandeliah à Marmorice; îles de Cos, Rhodes et Candie.

	Numéros des Cartes.		Dates des corrections
F.	1478.	Iles de Rhodes, Kos, etc. — Golfes de Kos, Doris, Symi et Marmorice	185[illegible]
A.	1899.	Kara-Baghla, Kappari, and Kos Channels.	
A.	1604.	Kos, Doris and Simi Gulfs.	
F.	2017.	Iles Shehir-Oglan. — Port de Gallipoli (golfe de Kos).	
F.	2011.	Yedi-Atala. — Port Deremen (golfe de Kos).	
F.	2012.	Cap Krio et ruines de Gnide. — Rade et ville de Kos. .	
F.	1950.	Ports de Marmorice et de Karagatch.	
A.	1898.	Kos, Nisero, and Piscopi Islands.	
A.	1550.	Town and Road of Kos.	
A.	1888.	Stampalia Island.	
A.	387.	Port Maltezana.	
A.	1890.	Karki and Limniona Islands.	
A.	1667.	Rhodes Island. — Town and Port Lindo.	
F.	2020.	Port de Rhodes.	
A.	2824.	Scarpanto and Casso or Caxo Islands.	
A.	2536*b*.	Candia Island, Eastern Portion.	
A.	2536*a*.	Candia Island, Western Portion.	
F.	2033.	Grabusa, Lutro, Kutri et Rhithimno.	
F.	1936.	La Sude et la Canée (Candie).	
F.	1908.	Mouillages de l'île Standia. — Mégalo - Kastron (Candie).	
F.	1909.	Baie de Khersonèse. — Baie d'Éremopoli (Candie). .	
F.	1898.	Yerapetra ou Gerapetra (Candie).	
A.	2850.	Poro Bay and Port Nikolo.	
A.	2724.	Sitia and Grandes Bays. — Kalo Limniones.	

CHEMISE N° 49.

Côtes de Caramanie, du canal de Rhodes au golfe d'Alexandrette.

Numéros des Cartes.		Dates des corrections.
F. 1484.	Côte de Caramanie, de Rhodes au cap Khélidonia,. .	
A. 1886.	Karaghach to Makry.	
A. 236.	Makri to Cape Khelidonia. — Kastelorizo, Kakava, Tristomos..	
A. 1885.	Makry Port.	
F. 1483.	Côte de Caramanie, Golfe d'Adalie..	
A. 237.	Cape Khelidonia to Cape Kara-Burnu. — Tekrova, Adalia, etc.	
F. 2057.	Canal entre la côte de Caramanie et l'île de Chypre. .	
A. 239.	Cape Anamur to Lissan el Kahbeh. — Melania. — Chelindreh. — Cavaliere, etc.	
F. 2037.	Côtes de Caramanie et de Syrie, de Lissan-el-Kahpeh à Latakieh (golfes de Tarsous et d'Alexandrette). .	
A. 2791.	Port Ayas and Karadash Road..	
A. 2188.	Iskanderun or Alexandretta Bay..	
F. 1541.	Mouillage d'Alexandrette..	
A. 2514.	Ras-El-Fasori to Ras-Ziarit. — Anchorages of Ebn Hani and Latakiyah..	
A. 2074.	Cyprus Island.	
F. 2179.	Côte méridionale de l'île de Chypre.	

CHEMISE N° 50.

Côtes de Syrie, du golfe d'Alexandrette à El-Arish.

Numéros des Cartes.		Dates des corrections.
F. 2060.	Canal entre l'île de Chypre et la côte de Syrie, de Latakieh à Tripoli	
F. 2168.	De Ruad au cap Carmel	
F. 1976.	Mouillage de l'île Ruad et récifs au Sud de l'île	
F. 1487.	Mouillage de Ruad	1862
A. 2765.	Ruad Anchorage	
A. 1576.	Tripoli Roadstead	
F. 1986.	Mouillages de Beirout et Saint-Georges	
A. 1563.	Beirut Bay	
F. 1980.	Mouillage de Saïda	
A. 2794.	Saïda	
F. 1971.	Mouillage de Sour	
A. 2903.	Sûr	
A. 2634.	Ras en Nakúra to El Arish	
A. 1585.	Acre Bay	
A. 1847.	Athlit Kaisariyeh, Yafa, and Yebnah	

CHEMISE N° 51.

Côte d'Afrique, d'El-Arish au cap Bon.

Numéros des Cartes.		Dates des corrections.
F. 2142.	Côte d'Égypte, d'El-Arish à Damiette.	
F. 2143.	Côte d'Égypte, de Damiette à Alexandrie.	
A. 2681.	Abukir Bay, Western Portion.	
A. 243.	Port of Alexandria.	
A. 374.	Alexandria to Ras Bulaou.	
A. 244.	Ras Bulaou to Dernah.	
A. 245.	Bombah Gulf.	
A. 246.	Marsa Susah to Misratah.	
A. 241.	Dernah to Gharah Island.	
F. 288.	Golfe de Sidre. — Bengazi. — Carcora. — Brega. — Chebec.	
A. 1978.	Ben Ghazi.	
A. 247.	Misratah to Tripoli.	
F. 1620.	Tripoli de Barbarie.	
F. 2121.	Golfe de Gabès ou petite Syrte.	
F. 2120.	D'Africa aux roches Fratelli. . . . . (Pour mémoire, voir la chemise n° 35.)	

Ouvrages, Instructions nautiques, etc.

(Les ouvrages marqués d'un astérisque ne seront délivrés que sur la demande des Commandants.)

Vues.

Numéros des ouvrages.

Atlas des vues prises sur les principaux dangers des côtes septentrionales de France.

Atlas des vues prises sur les principaux dangers des côtes occidentales de France.

Astronomie, Géodésie, Hydrographie.

Guide du marin.

102. La Latitude par les hauteurs hors du méridien, etc. *Pagel.*

358. Formule générale pour trouver la latitude et la longitude par les hauteurs hors du méridien. *Pagel.*

*Tables d'angles horaires. *Hommey.*

*Principales tables de Mendoza.

*Notice sur les principales tables de Mendoza.

*Construction théorique et usage de l'horizon à fluide.

*Études sur les causes perturbatrices de la marche des chronomètres.

*Double planisphère orthodromique.

Atlas orthodromique.

7. Méthode pour la levée et la construction des cartes et plans hydrographiques. *Beautemps-Beaupré.*

60. Traité de géodésie à l'usage des marins. *Bégat.*

49. Mémoire sur divers moyens de se procurer une base.

295. Note sur l'évaluation des distances en mer.

387. Instructions pour le micromètre Lugeol.

251. Note sur un sondeur pour les grands fonds employé à bord du Phare.

Physique du globe, Vents, Courants, Routes, etc.

Numéros des ouvrages.

134. Notes diverses relatives à l'hydrographie et à la physique du globe.

370. Météorologie nautique. Vents et courants, routes générales d'après *Maury*.

263. Résumé de la partie physique et descriptive des *Sailing Directions*, de *Maury*.

241. Explication et usage des *Winds and Currents Charts*, de *Maury*.

247. Instructions générales pour naviguer dans les différents océans (*Maury*).

193. Considérations sur l'océan Atlantique.

Exposé du système des vents, par Lartigue (à délivrer jusqu'à ce que l'approvisionnement soit épuisé).

Essai sur les ouragans et les tempêtes, par *Lartigue* (à délivrer jusqu'à ce que l'approvisionnement soit épuisé).

174. Observations sur les tempêtes tournantes, par *Hommey*.

176. Mémoire sur les ouragans de la mer des Indes, au Sud de l'équateur, par *Lefebvre*.

326. Des Ouragans, tornados, typhons et tempêtes, par *Keller*.

330. Le Vrai Principe de la loi des ouragans, par *Sedgwick*.

383. La Loi des tempêtes, par *Dove*.

348. Table chronologique de 400 cyclones, par *Poey*.

Perturbations des Compas.

91. Notice sur les expériences relatives aux perturbations des compas, par *Darondeau*.

260. Notice sur les erreurs des compas aux attractions locales, par *Darondeau*.

362. Sur l'emploi du compas étalon et de la courbe des déviations.

(Il sera délivré annuellement, à titre de consommation, douze feuilles de la projection de Napier pour tracer les courbes des déviations.)

Ouvrages périodiques.

Numéros des ouvrages.

Connaissances des temps.
Annuaires des marées.
*Mélanges hydrographiques.
*Annales hydrographiques.
Recherches chronométriques.

217. Phares. — Série B : Iles Britanniques.
218. Phares. — Série C : côtes Nord et Ouest de France, et côt Ouest d'Espagne et de Portugal.
219. Phares. — Série D : Méditerranée, mer Noire et mer d'Azof.
222. Phares. — Série G : côtes occidentales d'Afrique et îles épars de l'océan Atlantique.

Les numéros récents des Annonces hydrographiques.

Catalogue chronologique des cartes, etc., de l'hydrograph française.

Catalogue géographique des cartes, etc., de l'hydrographie fran çaise.

Instructions nautiques.

203. Portulan des côtes de la Manche, du canal de Bristol et de côte Sud d'Irlande. *Moulac.*
204. Exposé du régime des courants observés dans la Manche et mer d'Allemagne. *Keller.*
41. Mémoire sur les courants de la Manche, de la mer d'Allemagne du canal Saint-Georges, etc. *Monnier.*
75. Pilote français. — Instructions nautiques de Barfleur à Dun kerque. *Givry.*
80. Pilote français. — Instructions nautiques des Casquets à Bar fleur. *Givry.*
146. Pilote français. — Instructions nautiques des Héaux de Bréha au cap de la Hague. *Givry.*
96. Description des côtes d'Espagne, depuis la frontière de Franc jusqu'à celle de Portugal.
37. Mémoire sur les atterrages des côtes occidentales de France.
378. Routier de la côte Nord d'Espagne.
42. Routier des côtes de Portugal.
259. Manuel de la navigation dans le détroit de Gibraltar. *Dumouli et de Kerhallet.*

Numéros des ouvrages.

Le Pilote de la Méditerranée, par *Baudin.*

389. Instructions nautiques sur les côtes de Corse. *Desnoyers.*

229. Description nautique de la côte Nord du Maroc. *Dumoulin* et *de Kerhallet.*

131. Description nautique des côtes de l'Algérie. *Bérard.*

182. Instruction particulière pour les bâtiments naviguant en courrier sur les côtes de l'Algérie. *D'Herbinghem.*

67. Note sur les Esquerquis. *Darondeau.*

206. Manuel de la navigation dans la mer Adriatique. *Le Gras.*

234. Instruction pour entrer dans le port d'Alexandrie.

315. Instructions nautiques sur l'île de Crète, trad. par *Le Gras.*

343. Renseignements hydrographiques et statistiques sur la côte de Syrie. *Desmoulins.*

190. Instructions nautiques sur le détroit des Dardanelles, la mer de Marmara et le Bosphore. *Le Gras.*

211. Renseignements hydrographiques sur la mer d'Azof. *Clouet.*

159. Instructions nautiques sur les côtes occidentales d'Afrique, du détroit de Gibraltar au golfe de Bénin. *Darondeau.*

267. Description nautique de Madère et des Canaries. *De Kerhallet.*

258. Instruction à suivre pour aller mouiller sur la rade de Santa-Cruz (Ténériffe).

269. Description nautique des îles du cap Verd. *De Kerhallet.*

268. Description nautique des Açores. *De Kerhallet.*

Ouvrages divers.

Dictionnaire de marine à voiles. *De Bonnefoux et Pâris.*

Dictionnaire de marine à vapeur. *De Bonnefoux et Pâris.*

Catéchisme du mécanicien à vapeur. *Pâris.*

Traité élémentaire des appareils à vapeur de navigation. *Ledieu.*

Traité de l'hélice propulsive. *Pâris.*

86. Essais sur les évolutions navales. *Chopart.*

Des Évolutions navales. *Jonquières.*

Manœuvrier complet, ou Traité des manœuvres de mer. *De Bonnefoux.*

*Études comparatives sur l'armement des vaisseaux en France et en Angleterre.

Principes du droit public maritime.

LISTE

DES

DEPOTS DES CARTES ANGLAISES A L'EXTÉRIEUR.

Hambourg	Felby and Co. Campbell and Co.
Gibraltar	Le bureau du capitaine de port.
Malte	id.
Malte	Muir.
Smyrne	Mitchell.
Québec	Middleton and Dawson.
Miramichi (nouveau Brunswick)	J. Mac Dougall.
Chatham (nouveau Brunswick)	H. Cunard.
Charlottetown (île du Prince Édouard)	H. Stampers.
Sidney (île du cap Breton)	Brown.
Gut of Canso : Port Mulgrave	W. C. Heffernan.
Gut of Canso : Plaister Cove	J. Mac Keen.
Pictou (Nouvelle Écosse)	J. Patterson.
Halifax (Nouvelle Écosse)	MM. Mac Kenley.
Nassau (Nouvelle-Providence)	Harvey.
Buenos-Ayres	H. Moss.
Ville du Cap (cap de Bonne-Espérance)	Le bureau du capitaine de port.
Baie d'Algoa	id.
Bombay	Le bureau du superintendant.
Singapour	Campbell and Co.
Hong-Kong	Douglas Lapraik.
Brisbane (Australie)	Le bureau du capitaine de port.
Sidney (Australie)	Reading and Wellbank.
Melbourne (Australie)	J. Blundell and Co.
Adélaïde (Australie)	G. Trinklar, Trinity House. G. Wolds.
Port Adélaïde	Le bureau de la Marine.
Hobartown (Tasmanie)	Walch and Sons.
Victoria (île de Vancouver)	Hibben and Carwell.
Auckland (Nouvelle-Zélande)	W. C. Wilson.
Nelson (Nouvelle-Zélande)	D. Rough.
Port Cooper (Nouvelle-Zélande)	J. W. Hamilton.
Wellington (Nouvelle-Zélande)	R. Stokes; S. Karkeet.

Paris. — Typographie de Firmin Didot frères, imprimeurs de l'Institut et de la Marine, rue Jacob, 56.

LIBRAIRES

CHARGÉS DE LA VENTE DES PUBLICATIONS

Du Dépôt des cartes et plans de la Marine.

PARIS. — BOSSANGE, quai Voltaire, 25.
DUNKERQUE. — Mme THÉRY, successeur de veuve LANCEL.
DIEPPE. — QUESNEL.
FÉCAMP. — Mlle GARNIER.
LE HAVRE. — DEBRIE.
ROUEN. — A. LE BRUMENT.
HONFLEUR. — Mlle CAILLOT.
CAEN. — Mme CAPITAINE.
CHERBOURG. — LE POITTEVIN.
GRANVILLE. — Mme SRYTY, née GRIMBOT.
SAINT-MALO. — V. CONI.
SAINT-SERVAN. — Mme LAURENT-HUET.
SAINT-BRIEUC. — L. PRUDHOMME.
BREST. — LEFOURNIER frères.
LORIENT. — Mme TIRET.
NANTES. — Mme VÉLOPPÉ.
SAINT-NAZAIRE. — FÉTU.
LA ROCHELLE. — GOUT, successeur de FÉMEAU.
ROCHEFORT. — PROUST-BRANDAY.
BORDEAUX. — CHAUMAS-GAYET.
BAYONNE. — CAZALS.
CETTE. — Alexandre MARTIN fils.
MARSEILLE. — TRABAUD.
TOULON. — RUMÈBE.
ALGER. — BASTIDE.

www.ingramcontent.com/pod-product-compliance
Lightning Source LLC
LaVergne TN
LVHW010004230826
846092LV00002B/638

* 9 7 8 2 3 2 9 6 6 6 5 5 6 *